VADE-MECUM

TYPOGRAPHIQUE

PARIS

IMPRIMERIE DE E. DONNAUD

9, RUE CASSETTE, 9

1866

RÈGLES

A SUIVRE

DANS LA COMPOSITION

RÈGLES GÉNÉRALES

La majuscule ou capitale s'emploie :

1° Au commencement de chaque phrase, de chaque vers, des noms d'hommes, *Antoine, Pierre,* etc., de lieux, *Europe, France, Paris,* etc., de peuples, *Européens, Français, Parisiens,* etc., de sectes, *Épicuriens, Stoïciens,* etc., de rivières, de montagnes, de vents, *Seine, Alpes, Éole,* de navires, *la Méduse,* de tableaux, *L'Orgie romaine,* d'ouvrages, *Les Misérables,* etc., enfin de science, d'art, de métier, s'ils sont pris dans un sens individuel qui les distingue de toute autre science, de tout autre art, etc. Ex. : *la Grammaire est une science nécessaire,* etc.

Cependant, on cesse d'employer la majuscule, quand les noms de peuple et de secte n'embrassent pas la totalité ; ainsi l'on écrira, *un français, un anabaptiste, des espagnols,* etc.

2° Quand des êtres moraux sont personnifiés :

Là gît la sombre Envie à l'œil timide et louche.

3° Au commencement de Monsieur, Madame, Mademoiselle, Monseigneur, lorsque ces mots ne sont suivis d'aucune qualification. Si une qualification suit, il faut mettre *m* bas de casse :

Je vous prierai, *monsieur le général,* ou *monsieur Dubois.*

J'ai l'honneur de vous informer, *madame la marquise,* ou *madame de Rovigo.*

Je vous préviens, *mademoiselle la gouvernante,* etc.

Remarque. — Monsieur, Madame, Mademoiselle, Monseigneur se mettent au long, lorsqu'on parle à la personne ; dans le cas contraire, on écrit :

M., Mme, Mlle, Mgr.

4° Après les 1°, 2°, 3°, etc., lorsque l'énumération est disposée en alinéas :

« Est puni de mort tout militaire :

» 1° Qui livrera à l'ennemi soit la troupe qu'il commande, soit la place qui lui est confiée ;

» 2° Qui entretient, etc. »

REMARQUE. — On met un point à chaque alinéa, au lieu du point-virgule, lorsque les 1°, 2°, 3°, etc., ne forment pas la suite de la phrase qui les précède :

« L'arrangement a été conclu aux clauses et conditions suivantes:

» 1° Chaque colon devra fournir ses outils et instruments.

» 2° Les bâtiments seront, etc. »

5° Quand l'adjectif précède le substantif qu'il modifie, dans un titre d'ouvrage et dans toute dénomination propre: *La Divine Comédie*, *Les Deux Gendres*, *La Jeune France*, etc.

Mais on écrira avec la minuscule : *la Gazette universelle allemande*, *les Précieuses ridicules*, etc., parce que l'adjectif suit le substantif.

6° Il faut les deux majuscules, lorsqu'on introduit, contre l'usage, un trait d'union dans un nom propre composé commençant par *anti*: *Anti-Liban*, *Anti-Taurus*, *Anti-Lucrèce*, etc.

Le trait d'union s'emploie :

1° Entre le verbe et les pronoms *je, moi, tu, nous, vous, il, ils, elle, elles, le, la, les, lui, leur, y, en, ce, on*, lorsque ces pronoms sont après un verbe comme sujets ou régimes : *irai-je? viens-tu? allez-y*, etc. S'il y a deux pronoms, on emploie deux traits d'union : *donne-les-leur*.

Cependant on écrit sans trait d'union : *faites en prendre*, etc., parce que *en* ici est complément non du premier verbe, mais du second.

2° Avant et après la lettre euphonique *t* : *parle-t-il? va-t-elle?*

Cependant on écrit *va-t'en* et non *va-t-en*.

3° Avant et après *ci*, *là*, accompagnant un substantif, un pronom, une préposition, un adverbe, avec lesquels ils sont unis d'une manière inséparable : *celui-ci, celui-là*, etc.

4° Pour lier *très* au mot suivant et *même* au pronom qui précède: *très-riche, moi-même*, etc.

5° Pour remplacer la conjonction *et* dans les nombres : *dix-huit, soixante-neuf*, etc.

Quatre-vingt s'écrit aussi avec un trait d'union, bien que le sens n'admette pas la conjonction *et* entre *quatre* et *vingt*.

6° Pour lier deux ou plusieurs mots qui, par le sens, n'en font qu'un : *Marc-Aurèle, chef-lieu, contre-allée, s'entre-manger*, etc.

7° Après *non*, suivi d'un substantif ou d'un verbe : *non-valeur, non-recevoir*, etc.

Suivi d'un adjectif ou d'un participe, *non* ne prend jamais le trait d'union : *non belliqueux, non condamné,* etc.

8° Entre *major* et le nom qui précède : *adjudant-major,* etc.

Général et le nom qui précède, ne prennent jamais le trait d'union : *avocat général,* etc. Il en est de même pour adjoint : *procureur adjoint,* etc.

Dans les mots composés commençant par *arrière, avant, demi, mi, quasi, sous, vice* : *arrière-garde, demi-heure, vice-président,* etc.

Remarque. — Le trait d'union ne s'emploie pas dans les mots commençant par *anti, archi, co, extra, juxta.*

La ponctuation se place en dehors des parenthèses ou des guillemets, quand la phrase qu'il renferme n'offre pas un sens complet :

L'Écriture recommande d'honorer trois personnes : un père (le Décalogue), le prince (saint Paul), et le médecin (l'Ecclésiaste).

Les Romains avaient des chiens enchaînés à l'entrée de leurs maisons, avec cet avis : *Cave canem* « prenez garde au chien », écrit au dessus.

On ne doit jamais mettre de guillemets aux passages complétement en italique, ni à une citation en vers dans un ouvrage en prose. On ne met les guillemets au long que dans les passages qui ont déjà un guillemet aux alinéas.

Lorsque *le, la, les* ne font pas partie de l'intitulé d'un ouvrage, ils doivent figurer en romain. Ex. : la *Phèdre* de Racine, la *Némésis* de Barthélemy, etc. Mais *le, la, les, du, de, la, des,* et *un, une* doivent toujours figurer en italique, lorsqu'ils font partie indispensable de l'intitulé. Ex. : *les Plaideurs, l'Europe au moyen âge, les Huguenots,* etc. — Même règle, lorsqu'il s'agit d'un titre de tableau, d'un nom de navire. Ex. : *les Girondins, la Révolte du Caire, la Méduse, le Franklin,* etc. — Dans un titre en langue étrangère, l'article est toujours en romain : le *Diaro,* le *Morning Post,* etc.

METTRE EN CHIFFRES

1° Les nombres indiquant les Mesures, Hectares, Arpents, Pieds, Boisseaux, Décalitres, Litres.

L'hectare vaut 2 *arpents* anciens de 22 *pieds* à la perche.

5 *pieds* valent 1ᵐ,7.

Le *boisseau* a été remplacé par le *décalitre,* qui vaut 10 *litres.*

2° Les Mètres, Décimètres, Centimètres, Millimètres.

Les *décimètres, centimètres, millimètres* doivent être réduits à l'unité de mètre et séparés par une virgule sans espace :

Au lieu de 1 *mètre* 35 *centimètres*, mettez 1^m,35.
— de 2 *mètres* 6 *millimètres*, — 2^m,006.

Quand il n'y a point de mètre, on le remplace par un zéro :

Au lieu de 7 *décimètres*, mettez 0^m,7.
— de 62 *centimètres*, — 0^m,62.
— de 5 *millimètres*, — 0^m,005,

Le mètre *cube* s'énonce ainsi, quand il y a une fraction : 3^{mc},675,
Le — *carré* : 6^{mq},465.

3° Les Liquides, les Poids, les Longueurs.

21 pintes valent 19^l,421.

114 *brasses marines* valent 209 *mètres*.

Le *kilogramme* vaut 1,000 *grammes* ou 10 *hectogrammes*, et correspond, à peu près, à 2 *livres* d'autrefois.

1 *hectogramme* vaut 100 *grammes*, 1 *décagramme*, 10 *grammes*.

La *lieue de poste* ancienne est de 4 *kilomètres*.

Le *kilomètre* vaut 1,000 *mètres*.

Le *myriamètre* vaut 10,000 *mètres*.

Le *mètre* représente environ 3 *pieds* 11 *lignes* 1/2.

4° Les Numéros des Régiments, les Dates, la Population.

Militaires du 2e *hussards*, du 17e *de ligne* , 1er *bataillon*, 5e *compagnie*.

Napoléon, né le 15 *août* 1769, mort le 5 *mai* 1821.

La France contenait, au recensement de 1857, 36,039,364 *habitants*.

5° Le Temps.

Nous déjeunerons à 10 heures et nous dînerons à 6 heures. Mais on écrirait en toutes lettres : Nous emploierons *deux* heures à notre déjeuner et *trois* heures à notre dîner.

6° Les Degrés de Latitude.

14° 28' 44".

7° Les Degrés de Température.

16°, 66 ; 60° *Fahr.* valent 15°,5 *cent.*

8° Les Sommes.

On me doit 497 fr. 75 : je toucherai demain 197 *francs*, après-demain, 300 *francs*; il me restera dû 75 *centimes*.

On voit qu'il ne faut pas abréger le mot *franc* lorsqu'il n'y a pas de centimes, ni le mot *centime* lorsqu'il n'y a point de francs.

9° Le pour cent.

La ligne d'Orléans ne rapporte pas moins de 6 0/0.

METTRE EN TOUTES LETTRES

Les Dénombrements, les Ages, etc.

On comptait à bord *dix-huit* officiers, *quatre-vingt-douze* marins, *vingt-deux* mousses, *huit cent quatre-vingt-quatre* passagers militaires. — Cet homme, âgé de *cinquante* ans, fut assailli par *trois* voleurs qui le dépouillèrent en moins de *cinq* minutes, à 11^h 45^m (ou bien à *11 heures 15 minutes*).

Il est fait exception à cette règle pour les ouvrages de statistique.

On trouve cet arrêt tout au long dans le *premier* paragraphe de l'*article*.

Alexandre commença à régner la *première* année de la *cent onzième* olympiade, 347 *ans* avant Jésus-Christ.

Le *deux*, le *trois*, le *neuf* de pique.

Le *premier* arrondissement, le *deuxième* arrondissement, etc.

OBSERVATIONS DIVERSES.

Les *tomes*, les *livres*, les *titres*, les *sections* se mettent en grande majuscules.

Horace, ép. I, tome I, titre IV, section III.

Les *chapitres*, en petites majuscules.

Les *paragraphes*, les *articles*, les *versets*, les *vers*, les *pages*, en chiffres ordinaires.

Tome, *chapitre*, *page*, *paragraphe*, *article* doivent être abrégés ainsi :

Bossuet, t. IX, chap. xv, p. **34**, § 9, art. 8.

Les mots *page*, *figure*, *numéro*, *tome*, *chapitre*, *psaume*, *planche*, *paragraphe*, *section*, *ode*, *livre*, *chant*, suivis d'un chiffre, ne doivent pas être abrégés, s'ils font partie du texte. — Au contraire, on doit les abréger, lorsqu'il figurent comme renvoi entre parenthèses.

LISTE DES MOTS COMPOSÉS

EXIGEANT OU NON LE TRAIT D'UNION.

A

à-compte (subst.)
à compte (adv.)
acquit-à-caution
adjudant général
adjudant-major
aide-chirurgien
aide de camp
aide-maçon
amour-propre
après-demain
après-dînée (une)
après dîner (venez)
à propos (adv.)
à-propos (subst.)
arrache-pied (d')
arrière-ban
arrière-neveu etc.
au dedans
au dehors
avant-garde
au dessus
avant-poste, etc.
aveugle-né
ayants droit (des)

B

bain-marie
bas-fond
bas officier
bas-relief
bas-ventre
basse-cour
basse-fosse
basse lisse
basse-taille
basse-terre, etc.
beaux-arts
belles-lettres
bien-aimé
bien aise
bien-être
bien-fonds
bien-tenant

blanc-bec
blanc-manger
blanc seing
bon gré, mal gré
bon-chrétien (poire)
boute-en-train
boute-feu
boute-selle
bras-le-corps (à)

C

çà et là
c'est-à-dire
château fort
chauve-souris
chef-d'œuvre
chevau-léger (un)
chevau-légers (des)
chèvrefeuille
choucroûte
chou-fleur
ci-après

ci-contre
ci-dessous
ci-dessus
ci-gît
ci-joint
claire-voie
clair-obscur
clair-semé
clin d'œil
coffre- fort
commissaire-priseur
commis voyageur
compte rendu
contre-allée
contre-amiral
contre-balancer
corps de garde
cou-de-pied
coup d'œil
coupe-gorge
coupe-jarret
court-bouillon
courte-pointe
couvre-pied
cul-de-lampe
cul-de-sac
cure-dent
cure-oreille

D

dame-jeanne
demi-aune
dès-là
dès lors
deux-centième (un)
dix-millième (un)
docteur ès lettres
dommages-intérêts
dommages et intérêts

E

eau-de-vie
eau-forte
eaux et forêts
électro galvanique
en dedans
en dehors
en dessous
entr'acte
entr'aider (s')

entre-pont
entre-temps
entre-vifs
entre autre
entre eux
esprit-de-vin
esprit de vitriol
esprit fort
ex-préfet

F

fac-simile
fausse-clef
faux-bourdon
faux-fuyant
faux-monnayeur
faux-saunage
faux-saunier
fer-blanc
ferblantier
franc-alleu
franc-bord
franc-fief
franc-maçon
franc-maçonnerie
franc-salé

G

garde-chasse
garde-côte
garde du corps
garde champêtre
garde-feu
garde-fou
gomme-gutte
gomme-résine
gorge-de-pigeon (couleur)
grand aumônier
grand'chambre
grand'chère
grand'chose
grand cordon
grand-croix (s. m.)
grand'croix (s. f.)
grand-duc
grand-duché
grande-duchesse
grand'garde
grand-livre (le)

grand maître
grand'mère
grand'messe
grand officier
grand-oncle
grand'péine (à)
grand-père
grand'pitié
grand prêtre
— prieur
— référendaire
— veneur
— vizir
grand'tante
guet-apens

H

haut-fond
haute-contre
haut-de-chausses
havre-sac
héraut d'armes
hors-d'œuvre
hôtel de ville
huis clos

I

ici-bas
intra-utérin

J

jet-d'eau
juge-commissaire
jusque-là
jusqu'où

K

kirsch-wasser

L

là-bas
là dedans
là dehors
là-dessous
là-dessus
là-haut
laurier-cerise
laurier-rose

laurier-tin
légat-né
lèche-doigt (à)
lèse-majesté
lettre de change
lettres patentes
lieutenant-colonel
longue-vue (optiq.)
lorsqu'à, lorsqu'il
lorsque Annibal
lorsque enfin
loup-cervier
loup-garou

M

main basse
main-forte
main-d'œuvre
mainlevée
mainmise
mainmorte
mainte fois
maire adjoint
maître-autel
maître ès arts
mal-appris (s. m.)
mal à propos
malaisé
malavisé
malbâti
malcontent
mal-être
malfamé
malhabile
mal-jugé (s. m.)
malle-poste
malpeigné
malintentionné
malpropre
malsain
malsonnant
marchepied
maréchal de camp
— des logis
mère patrie
mi-chemin
moins-value
mont-de-piété
mort-bois
mort-gage
mort-né

morte paye
morte-saison
moyen âge

N

nec-plus-ultrà
néo-chrétien
néo-latin
néo-platonicien
non-activité
non avenu
non-conformité
non confortable
non-jouissance
non recevable
non-recevoir
non-sens
non-seulement
non-valeur
nouveau-né
nu-jambe
nu-pieds, nu-tête
nu propriétaire
nue propriété

O

œil-de-bœuf
œil-de-chat
oiseau-mouche
oui-dà
ouï-dire (s. m.)
outre-mer
outremer (couleur)
outre-passer

P

palma-christi
papier-damas
papier-journal
papier-monnaie
par-ci, par-là
par dedans
par derrière
passeport
passe-partout
pêle-mêle
perce-bois
pèse-lait
pet-en-l'air

petit-fils
petit-gris
petit-lait
petit-maître
petit-neveu
petite-vérole
peuple-roi
peu à peu
pied-à-terre
pied-droit
pique-assiette
pique-nique
plain-chant
plain-pied (de)
plate-forme
plus-value
ponts et chaussées
pont-levis
porc-épic
porte-aiguille
porte-drapeau
pot-au-feu
pot-de-vin
premier-né
prime abord
procès-verbal
professeur adjoint
propos (l'à-)
puisque alors
puisqu'ainsi
puisque Alexandre

Q

quant-à-soi (subst.)
quartier-maître
quatre-vingt-un
quasi-contrat
quelque autre
quelques-uns
queue-d'aronde
quoique entouré
quoique ici
quoique avec
quote-part

R

rabat-joie
reine-des-prés
reine mère
rez-de-chaussée

rond-point
ronde bosse
rose-croix
rouge-gorge

S

sage-femme
saint-empire
saint-office
saint-père
saint-siége
saint sacrement
saint sépulcre
sainte-barbe
saisie-arrêt
sang-froid
sans-souci (un)
savoir-faire, etc.
semi-double, etc.
sénatus-consulte
sergent-fourrier
serre-file
soi-disant
soixante et un
— et dix
— et onze
songe-creux
souffre-douleur
sous-lieutenant, etc.

sous seing privé
sud-sud-est
sur-le-champ
susdésigné
susdit
susénoncé
susmentionné
susnommé
susvisé

T

taille-douce
tam-tam
terre ferme
terre-plein
terre sainte
tête-à-tête (un)
tête-à-tête (des)
tiers état
tiers ordre
tire-botte
tire-d'aile (à)
tour à tour
tout à fait
tout à coup
tout à l'heure
tout-puissant
trente et un
très-bon, etc.

trois-centième (un)
trois-millième (un)
trois-mâts
trompe-l'œil
trop-plein
trouble-fête
tue-tête (à)

U

ultra-libéral
ultramontain
ultra-royaliste
ultra-révolution

V

vade-mecum
va-et-vient (mouv¹ de)
va-nu-pieds
va-tout
ver à soie
vert-de-gris
vert-dragon
vert-pomme
vert-pré
vif-argent
vingt et un
vingt-deux
vice-amiral
vis-à-vis
volte-face

GUIDE POUR DIVISER LES MOTS
PRÉSENTANT DES DIFFICULTÉS.

ab-roger
ab-scisse
abs-tenir
abs-terger
abs-tinence
abs-traction
abs-trait
acro-stiche
aéro-sphère
aéro-stat
anti-sciens
anti-scorbutique
anti-strophe
apo-stasie
apo-stolat

apo-strophe
armi-stice
arus-pice
atmo-sphère
chlor-hydrique
chlor-oxysulfure
circon-scrire
circon-spection
circon-stancié
con-spirer
con-spuer
con-stance
con-sternation
dés-abuser
dés-accorder

dés-apprendre
des-cription
des-titution
des-truction
dia-stase
dia-stole
di-ptère
dis-tance
dis-tiller
dis-traire
dis-tribuer
épi-cospat
épi-scopal
épi-stolaire
gymno-style

hémi-ptère	mono-ptère	res-pirer
hémi-sphère	mono-style	res-triction
hémi-stiche	ob-stacle	sol-stice
hémo-ptysie	obs-tination	sous-crire
hémo-stasie	ob-struction	sous-traire
hydro-scope	obs-cène	sub-ordonné
hypo-statique	obs-curité	sub-roger
hyper-ésie	per-oxide	sub-sistance
hyper-oxide	per-spective	sub-stance
in-scrire	per-spicacité	sub-stantif
in-specter	phos-phate	sub-stitution
in-spirer	phos-phore	super-stition
in-stable	pres-cription	sus-ception
in-stance	pres-tance	sus-cription
in-stituer	pro-scription	sus-picion
in-struire	pro-sterner	téles-cope
in-strument	res-cinder	trans-action
manu-scrit	res-cription	trans-cription
manu-stupration	réd-hibitoire	trans-férer
méta-stase	résis-tance	urano-scope
micro-scope	res-pect	

MOTS PRÉSENTANT DES DIFFICULTÉS

POUR L'ORTHOGRAPHE.

A

abatage
abatis
abatteur, abattoir
allèchement
allégement
assidûment
avénement

B

bâti (un)
blanchiment
blasphème
boulevard
breveté

C

candélabre
chariot

charrette
complément
congrûment
contiguïté
continûment
crèche, crème, crête
crucifiement
crûment

D

décèlement
dégrévement
dégréver
démantèlement
dénoûment
dénûment
déréglement
desséchement
dévouement
discrètement
dissolument
dûment

E

écartèle (il)
écartèlement
égout
empiétement
enchifrènement
engouement
enjouement
éperdument
éternument
exorbitant

F

fatigant (adj.)
fatiguant (part.)
Fénelon
flèche
fonts (de baptême)
frelon

G

gaiement
gaieté
goulûment
grever
grièvement

I

incongrûment
indûment
ingénument
interprète
intrigant (subst.)
intriguant (part.)
ipécacuanha
irréligieux
irréligion
irrémédiable
irrésolument

L

levûre
liséré
liseron

M

mâchoire
marqueterie
mûrement

N

naguère
nûment

O

orfévre
orfévrerie

oxyde
oxygène

P

parafe
patronage
patronne
patronner
payement
pèlerin
pèlerinage
pepin
péristyle
peroxyde
pétiller
pétillant
philanthrope
phthisie
piége
pilule
piqûre
plaidoirie
plain-chant
plain-pied
plain (velours)
poëme, poëte, poésie
prélèvement
problème

R

rachète (il)
ralliement
rébellion
récolement
réconforter
règlement
réglementer
remercîment
remuement
reniement
renouement
résolûment
reviser
réviseur

révivifier
rhythme
roide, roideur
roidir

S

salpêtre
sécréter
séquestre
séve
Shakspéare
siphon
soutènement
stratagème
surseoir
sursoit (il)
syphilis
système

T

tanin
tenace, ténacité
ténu (il)
teter (il tette)
thème
théorème
tournoiement
trêve
trompette (une)
trompète (il)
trombone

V

venimeux
vénéneux
vétyver
vite, vitesse
voirie

Z

zigzag
zone

CASSE FRANÇAISE.

A	B	C	D	E	F	G
H	I	K	L	M	N	O
P	Q	R	S	T	V	X
â	ê	î	ô	û	Y	Z
É	È	Ê	l	m	w	t
à	è	ì	ò	ù	(	s
»	o	U	J	j	c	r

A	B	C	D	E	F	G
H	I	K	L	M	N	O
P	Q	R	S	T	V	X
J	U	É	È	Ê	Y	Z
ffl	w	æ	œ	ç	[	!
fl	W	Æ	Œ	Ç	§	?
ff	č	ï	ü			

*	ç	é	- ′	e
—	b	c	d	
z	l	m	n	i
y				
x	v	u	t	Espaces fortes.

1	2	3	4	5	6	7	8
s		Espaces moyennes.	f	g	h	9	0
						æ	œ
o		p	q	;	ffi	k	Demi-cadratins
				Espaces d'¼ p.	fi	:	Cadratins.
a		r	.	.		Cadrats.	

CASSE GRECQUE.

A	B	Γ	Δ	E	Z	H		Θ	I	K	Λ	M	N̄	Ξ
O	Π	P	Σ	T	Υ	Φ		X	Ψ	Ω	Ą	Ħ	Ω̄	
ά	ὰ	ᾶ	ἀ	ἁ	ἄ	ἅ	ἂ	ἃ	ᾆ	ᾶ	A*	E*	H*	
έ	ὲ	ῆ	ἐ	ἑ	ἔ	ἕ	ἒ	ἓ	ῖ	ῐ	I*	O*	Υ*	
ί	ὶ	ῖ	ἰ	ἱ	ἴ	ἵ	ἲ	ἳ	ῐ	ῑ	ϊ	ΐ		
ό	ὸ	ῶ	ὀ	ὁ	ὄ	ὅ	ὂ	ὃ	ᾧ	ᾦ	;	(		
ύ	ὺ	ῦ	ὐ	ὑ	ὔ	ὕ	ὒ	ὓ	ῧ	ῠ	ϋ	ΰ		
ά	ἀ	ᾶ	ᾀ	ᾅ	ᾄ	ᾃ	ᾂ	ᾁ	ᾆ	ᾇ				Λ*
ή	ἠ	ῆ	ᾐ	ᾑ	ᾔ	ᾕ	ᾒ	ᾓ	ᾖ	ᾗ				Ħ*
᾿	῾	῀	῍	῎	῟	῞	῏	῝						
ώ	ὠ	ῶ	ᾠ	ᾡ	ᾤ	ᾥ	ᾢ	ᾣ	ᾦ	ᾧ			P*	Ω*
ώ	ὼ	ῶ	ᾡ	ᾤ	ᾣ	ᾢ	ᾥ	ᾤ	ᾦ	ᾧ			ᾧ	ω

κ	γ	ω	–	'	κ		ή	ὴ	ῆ	ἠ	ἡ	ἤ	ἥ	ἦ
β	δ	χ	δ		ε		ς	σ	γ	1			ῆ	ῄ
ς													ῇ	
ζ	λ	μ	ν		ι		o	π	ω		ῥ	ῥ	ῥ	
							α	ρ			'	χ	ψ	
ξ	υ	ϑ	τ											
		0												

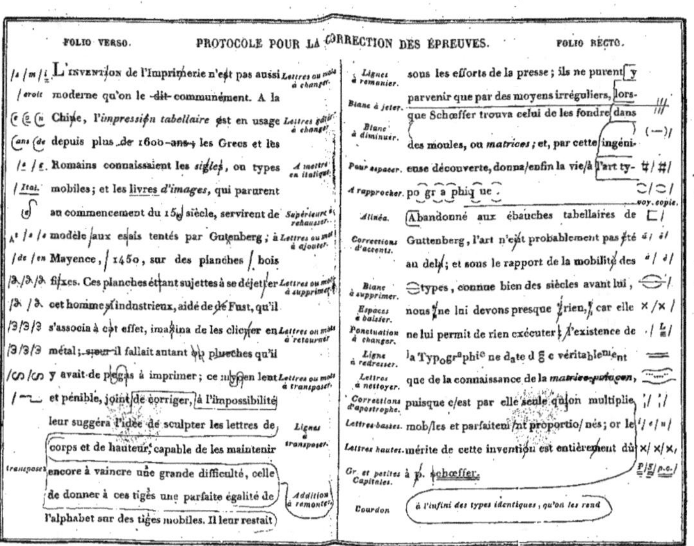

L'invention de l'Imprimerie n'est pas aussi moderne qu'on le -dit- communément. A la Chine, l'*impression tabellaire* est en usage depuis plus de 1600 -ans-, les Grecs et les Romains connaissaient les *sigles*, ou types mobiles; et les *livres d'images*, qui parurent au commencement du 15e siècle, servirent de modèle aux essais tentés par Gutenberg; à Mayence, 1450, sur des planches / bois fixes. Ces planches étant sujettes à se déjetter cet homme industrieux, aidé de Fust, qu'il s'associa à cet effet, imagina de les clicher en métal; il fallait autant de planches qu'il y avait de pages à imprimer; ce moyen lent et pénible, joint de corriger, à l'impossibilité leur suggéra l'idée de sculpter les lettres de corps et de hauteur, capable de les maintenir encore à vaincre une grande difficulté, celle de donner à ces tiges une parfaite égalité de l'alphabet sur des tiges mobiles. Il leur restait

sous les efforts de la presse; ils ne purent y parvenir que par des moyens irréguliers, lorsque Schœffer trouva celui de les fondre dans des moules, ou *matrices*; et, par cette ingénieuse découverte, donna enfin la vie à l'art typographique. Abandonné aux ébauches tabellaires de Guttenberg, l'art n'eût probablement pas été au delà; et sous le rapport de la mobilité des types, connue bien des siècles avant lui, nous ne lui devons presque rien, car elle ne lui permit de rien exécuter; l'existence de la Typographie ne date d'une c véritablement que de la connaissance de la matrice putaçon, puisque c'est par elle seule qu'on multiplie mobiles et parfaitement proportionnés; or le mérite de cette invention est entièrement dû à p. Schœffer.

à l'infini des types identiques, qu'on les rend

ALPHABET GREC

FIGURE.	NOMS.	NOMS.	VALEUR.	ACCENTS.
A α	ἄλφα	alpha	a	' aigu
B β 6	βῆτα	bêta	b	` grave
Γ γ	γάμμα	gamma	g	~ circonflexe
Δ δ	δέλτα	delta	d	' esprit doux
E ε	ἐψιλὸν	epsilon	é *bref*	' esprit rude
Z ζ	ζῆτα	zêta (dzeta)	z *ds*	'' esprit doux aigu
H η	ῆτα	êta	ê *long*	'' esprit rude aigu
Θ 0	θῆτα	thêta	th	'' esprit doux grave
I ι	ἰῶτα	iôta	i *voyelle*	'' esprit rude grave
K κ	κάππα	cappa	k c	'' espr. doux circonf.
Λ λ	λάμβδα	lambda	l	'' espr. rude circonf.
M μ	μῦ	mu	m	'' tréma
N ν	νῦ	nu	n	'' tréma aigu
Ξ ξ	ξῖ	xi	x (cs, gs)	'' tréma grave
O ο	ὀμιχρὸν	omicron	o *bref*	
Π π	πῖ	pi	p	
P ρ	ῥῶ	rho	r rh	
Σ σ ς	σῖγμα	sigma	s	
T τ 7	ταῦ	tau	t	
Υ υ	ὑψιλὸν	upsilon	u	
Φ φ	φῖ	phi	ph f	
X χ	χῖ	chi	ch	
Ψ ψ	ψῖ	psi	ps	
Ω ω	ὀμέγα	ôméga	ô *long*	

CASSE D'HÉBREU.

Noun fin ן	Caph fin. ך	Hé final ה	־ ׳		׳ :	ֶ	ֵ	׀	־	ָ	ֽ
	Beth ב	Caph כ	Daleth ד	Hé ה	Schin ש	Samech ס	Ghimel ג	Aïn ע		Mem fin ם Mem fin. ם	Mem fin. ם Mem fin. ם
Zaïn. ז Tsadé fin ץ	Lameth. ל	Mem מ	Noun נ	Iod י	Waou ו	Phé פ	Koph ק	Kheth ח Tau fin ת	Kheth ח Phé fin. ף	Kheth ח :	
Tsadé. צ	Lameth fin. ל	Tau ת	Teth ט		Aleph א	Resch ר		Aleph fin א	•		

ALPHABET HÉBREU

FIGURE.	NOMS.	NOMS.	Valeur.	PRONONCIATION.
א א	אלף	aleph	1	comme H non aspirée
ב	ביה	beth	2	comme notre B
ג	גמל	ghimel	3	comme G dur dans garçon
ד	דלית	daleth	4	comme D
ה ה	הי	hé	5	c. H légèrement aspirée
ו	וו	waou	6	comme waou
ז	זין	zaïn	7	comme Z
ח	חיה	kheth	8	comme le k grec
ט	טיה	teth	9	comme TS
י	יוד	iod	10	comme I
ך כ	כף	caph	20	comme K
ל ל	למד	lamed	30	comme L
ם ס מ	מם	mem	40	comme M
ן נ	נון	noun	50	comme N
ס	סמד	samech	60	comme S
ע	עין	aïn	70	aspirée
ף פ	פי	phé	80	comme F
ץ צ	צרי	tsadé	90	comme TS
ק	קיף	koph	100	comme C ou Q
ר	ראש	resch	200	comme R
ש	שון	schin	300	comme SCH
ת ת	תי	tau	400	comme T

Les secondes lettres de la colonne *figure* sont les finales.

TABLEAU INDICATIF

des folios de la première page de chaque feuille

DEPUIS LA 1re JUSQU'A LA 40e.

Feuilles	In-folio.	In-4°.	In-8°.	In-12.	In-16.	In-18.	In-24.	In-32.
1	1	1	1	1	1	1	1	1
2	5	9	17	25	33	37	49	65
3	9	17	33	49	65	73	97	129
4	13	25	49	73	97	109	145	193
5	17	33	65	97	129	145	193	257
6	21	41	81	121	161	181	241	321
7	25	49	97	145	193	217	289	385
8	29	57	113	169	225	253	337	449
9	33	65	129	193	257	289	385	513
10	37	73	145	217	289	325	433	577
11	41	81	161	241	321	361	481	641
12	45	89	177	265	353	397	529	705
13	49	97	193	289	385	433	577	769
14	53	105	209	313	417	469	625	833
15	57	113	225	337	449	505	673	897
16	61	121	241	361	481	541	721	961
17	65	129	257	385	513	577	769	1025
18	69	137	273	409	545	613	817	1089
19	73	145	289	433	577	649	865	1153
20	77	153	305	457	609	685	913	1217
21	81	161	321	481	641	721	961	1281
22	85	169	337	505	673	757	1009	1345
23	89	177	353	529	705	793	1057	1409
24	93	185	369	553	737	829	1105	1473
25	97	193	385	577	769	865	1153	1537
26	101	201	401	601	801	901	1201	1601
27	105	209	417	625	833	937	1249	1665
28	109	217	433	649	865	973	1297	1729
29	113	225	449	673	897	1009	1345	1793
30	117	233	465	697	929	1045	1393	1857
31	121	241	481	721	961	1081	1441	1921
32	125	249	497	745	993	1117	1489	1985
33	129	257	513	769	1025	1153	1537	2049
34	133	265	529	793	1057	1189	1585	2113
35	137	273	545	817	1089	1225	1633	2177
36	141	281	561	841	1121	1261	1681	2241
37	145	289	577	865	1153	1297	1729	2305
38	149	297	593	889	1185	1333	1777	2369
39	153	305	609	913	1217	1369	1825	2433
40	157	313	625	937	1249	1405	1873	2497

ABRÉVIATIONS

employées dans les catalogues de librairies.

br.	broché.
rel.	relié.
rel. anc.	reliure ancienne.
d.-rel.	demi-reliure.
d.-rel. d. et c.	demi-reliure, dos et coins.
n. r.	non rogné.
d. en t.	doré en tête.
bas.	basane.
bas. rac. fil.	basane, racine, filets.
v.	veau.
v. gr.	veau granit.
v. br.	veau brun.
v. m.	veau marbré.
v. jasp.	veau jaspé.
v. f. ou v. fau.	veau fauve.
mar. ou maroq.	maroquin.
m. v. r. ou bl.	maroquin vert, rouge ou bleu.
tr. dor.	tranche dorée.
doubl. de tab.	doublé de tabis.
dent.	dentelle.
dent. intér.	dentelle intérieure.
cart.	cartonné.
vél.	vélin.
pap. vél.	papier vélin.
portr.	portrait.
fig.	figures.
pl.	planches.

Paris. — Imprimerie de E. Donnaud, rue Cassette, 9.

www.ingramcontent.com/pod-product-compliance
Lightning Source LLC
LaVergne TN
LVHW010128060726
842524LV00005B/1792